10歳からの生きる力をさがす旅④

家族ってなんだろう

文 波平恵美子
絵 塚本やすし

出窓社

◆もくじ◆

1

家をたやさないことが大切だった時代

その男の子の身体《からだ》には、いつもどこかに生傷《なまきず》がありました。
友達《ともだち》にいじめられたからではありません。
あまりにも無茶《むちゃ》なことをするので、
怪我《けが》をして身体のあちこちに傷《きず》ができてしまうのです。
ある時、友達から「ここから飛《と》んでみろ」といわれて、
橋のらんかんから川へ飛びおりました。

あまりに勢《いきお》いよく飛《と》んだので、
頭《あたま》から肩《かた》まで川底《かわぞこ》の砂《すな》の中に埋《う》まってしまい、
川の中でさか立ちしてしまいました。
肩まで砂の中ですから、自分《じぶん》ではどうしようもありません。
驚《おどろ》いて友達《ともだち》が川の砂を手でかき取《と》って助《たす》け出しました。
怪我《けが》はしませんでしたが、息《いき》ができなかったために、
顔《かお》も手足の指もまっ青《さお》で、もう少しで死ぬところでした。

村《むら》の中で一番高い柿《かき》の木のてっぺんに一つだけ柿の実《み》が残《のこ》っていました。

子どもたちは、またも、その男の子をけしかけました。

「お前《まえ》あの柿を取《と》れるか」。

男の子は「取れるとも」といって木に登《のぼ》り始《はじ》めました。

どの子よりも木登《きのぼ》りが上手《じょうず》だったのです。

もう少しで柿《かき》の実《み》に手が届《よど》くところで、乗《の》っていた枝《えだ》が折《お》れました。

柿の木の枝はとても折れやすく、

「木の上のほうの柿は決して取《と》ってはいけない、

カラスに残《のこ》しておきなさい」というのは、そのせいかもしれません。

下のほうで友達《ともだち》は悲鳴《ひめい》を上げました。

地面《じめん》にたたきつけられて、きっと死ぬと思ったのです。

その木は、それほど高かったのです。

でも、その男の子は、落《お》ちながらも、とっさに片手《かたて》で別《べつ》の枝《えだ》にぶら下がり、無事《ぶじ》に下まで下りてきました。青《あお》い顔《かお》をしているのは友達《ともだち》のほうで、その男の子は柿《かき》の実《み》を取《と》りそこなったくやしさで、顔をまっ赤《か》にしていました。

その子の負《ま》けん気《き》はどこから来たのでしょう。

それは、お父《とう》さんもおじいさんも死んでしまって、家には、お母《かあ》さんとお兄《にい》さん、

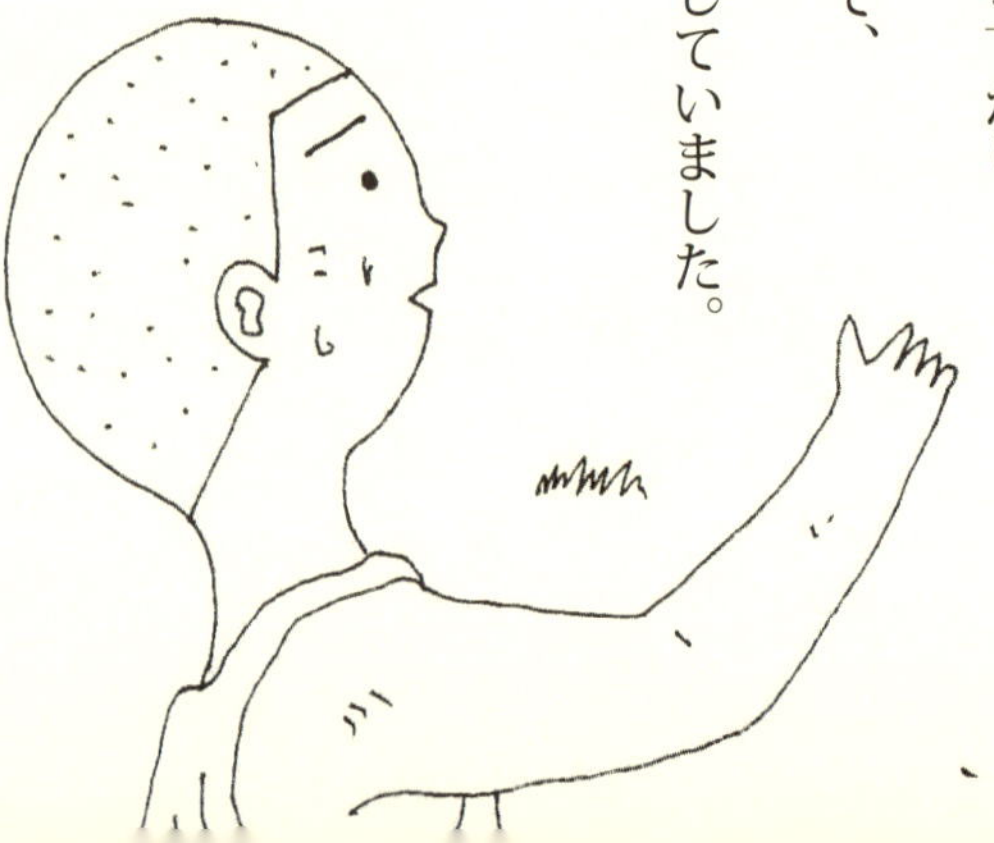

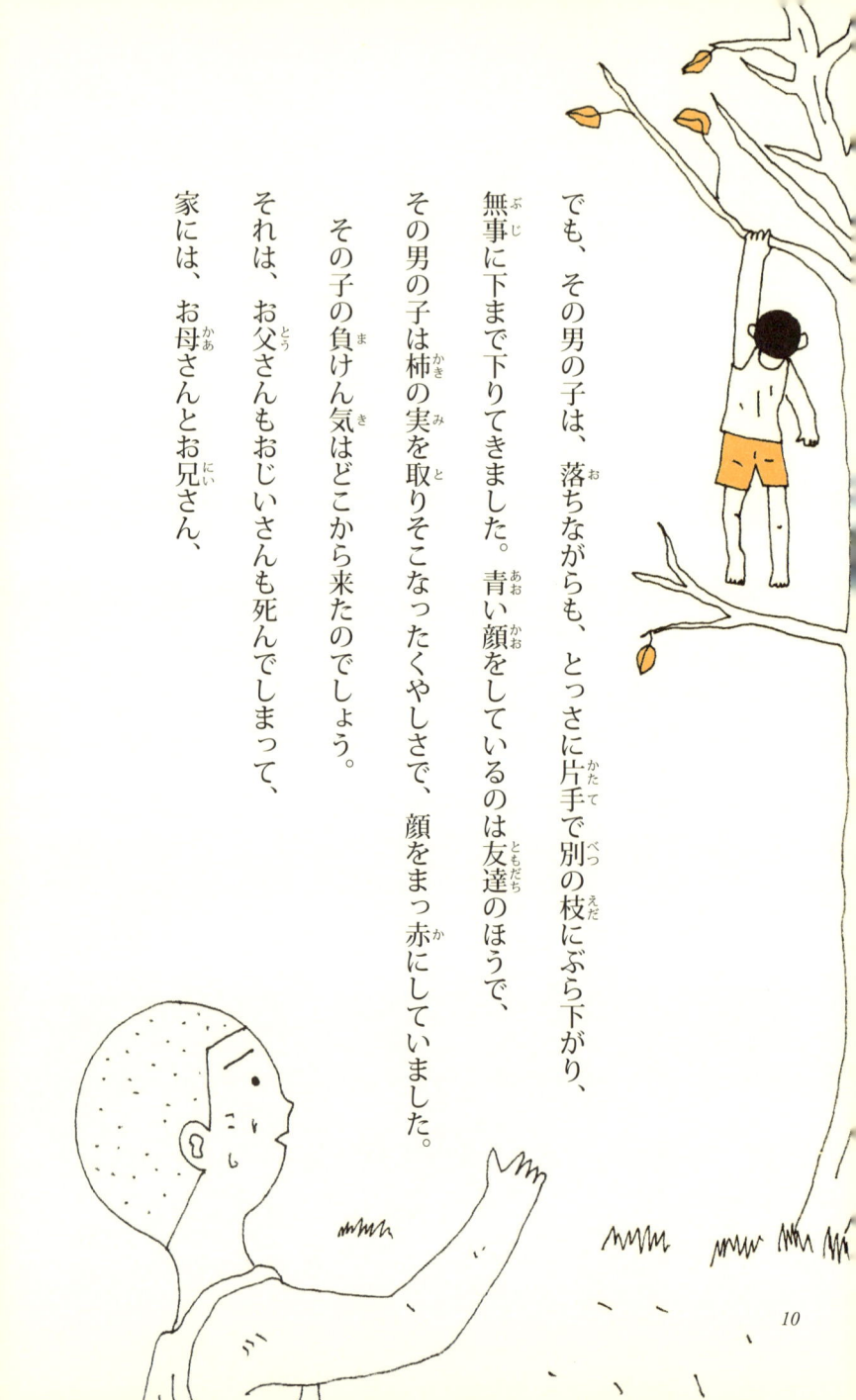

小さな妹《いもうと》と生まれたばかりの弟《おとうと》しかいなかったからです。

いなかの村《むら》では、その当時《とうじ》、男手《おとこで》のいない家は、皆《みな》から迷惑《めいわく》がられ、ほかの家にくらべて下のほうに見られていました。

親《おや》たちのそんな見方《みかた》が、子どもたちにもうつっていて、父親《ちちおや》や大人《おとな》の男の人のいない家の子は差別《さべつ》されたのです。

なぜなのかといえば、水田《すいでん》に水を引《ひ》くための用水路《ようすいろ》の掃除《そうじ》や道路《どうろ》の補修《ほしゅう》、共有林《きょうゆうりん》の手入《てい》れなど、村にはたくさんの共同作業《きょうどうさぎょう》があって、そのたびに、

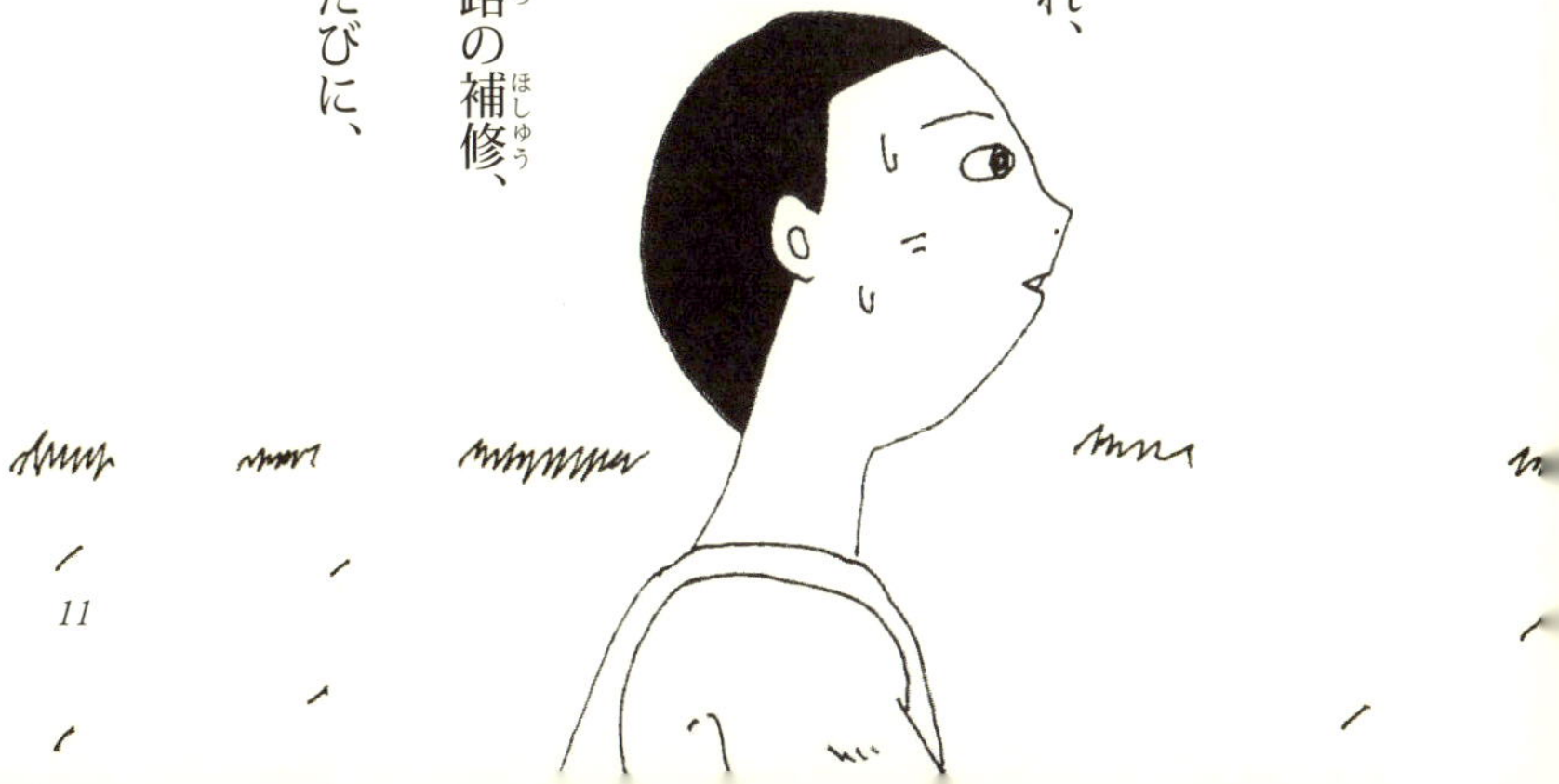

一つの家から男一人女一人が
その作業《さぎょう》に参加《さんか》することになっていました。
その男の子の家は、お母《かあ》さん一人が、
赤《あか》ちゃんを背負《せお》って共同作業《きょうどうさぎょう》に出るので、
男の人の半分《はんぶん》も働《はたら》けなかったのです。

「お前にはオトン（お父《とう》さん）がおるまいが」というのが、
友達《ともだち》がその子をいじめる時のはやし言葉《ことば》でした。
そして、そのはやし言葉を言えば、
その男の子はどんな無茶《むちゃ》なことでも、
自分《じぶん》たちは恐《こわ》くて、とてもやってみる気にはなれないことでも、
やってのけることを知っていたからです。
「おトンがいなくて、どこが悪《わる》い」と、その子は友達に言い返《かえ》しましたが、

くやしくてくやしくて、家に帰《かえ》るまでは我慢《がまん》していた涙《なみだ》が、帰り着《つ》くと後《あと》から後から出て止《と》まりませんでした。

その子の家は、村で一番たくさん田も畑もあって、家も庭《にわ》も立派《りっぱ》でした。

ところが、一年のうちに、おじいさん、おばあさん、そしてお父《とう》さんが次々《つぎつぎ》と亡《な》くなってしまったのです。

お父さんは、その子が小学校に入学《にゅうがく》する前の日に死《し》んでしまい、入学式《にゅうがくしき》から帰って来るとお父さんのお葬式《そうしき》だったのです。

「少しでも早く大人《おとな》の男になって、牛《うし》も使えるようになって、
お母《かあ》さんを助《たす》けてやる。

そしたら、お母さんもあんなに馬鹿《ばか》にされないだろう」と、
男の子は、少しでも早く力がつくようにと、六歳《さい》の子が持《も》つには重《おも》すぎるものでも
なんでも、お母さんの手助けをして運《はこ》んでいました。

何日も雨が降《ふ》らず、田の水が足《た》りない日照《ひで》りが続《つづ》いた夏《なつ》のある日、
お母さんは青い顔《かお》をして子どもたちに言いました。

「田の水が全部《ぜんぶ》抜《ぬ》かれて、隣《となり》の田に取《と》られてしまった。今年の米はもうできない。
このままでは生きていけないから、お前はおばさんの家へ養子《ようし》に行っておくれ」
お母《かあ》さんと兄《にい》さんは、田と畑と牛《うし》を親類《しんるい》の家に全部《ぜんぶ》あずけて、
その代《か》わりお母さんと兄さんの生活《せいかつ》と、
兄さんの学資《がくし》の面倒《めんどう》をみてもらうことになりました。
その男の子は、お母さんの姉《ねえ》さんの家、
妹《いもうと》は亡《な》くなったお父《とう》さんの弟《おとうと》の家、二歳《さい》になったばかりの弟は、

お母《かあ》さんの実家《じっか》に養子《ようし》に行くことが決《き》まりました。
家族五人が、バラバラに、四カ所に別《わか》れて暮《く》らすことになったのです。
男の子は「ぼくがお母さんを、これまでよりもっと手伝《てつだ》うから、
養子にやらないで」と泣《な》いて頼《たの》みましたが、
お母さんはうつむいて首《くび》を横《よこ》になんどもなんども振《ふ》るばかりでした。
お母さんが一番上の兄《にい》さんだけをつれて親類《しんるい》の家へ行ったのは、
兄さんがその家の「あととり」だったからです。

今から五、六十年前までは、「家《いえ》」を親《おや》から子へ、そして孫《まご》から
ひ孫へとずっと引《ひ》きついでいくことがなによりも大切《たいせつ》なことでした。
お母《かあ》さんは、幼《おさな》い子ども三人を手離《てばな》しても、
兄《にい》さんを立派《りっぱ》な「あととり」に育《そだ》て上げ、
「家」を残《のこ》すことを決心《けっしん》したのです。

今の日本では、

この男の子のように「おトンがおるまいが」といわれてひるんだり、
くやしがる必要《ひつよう》はありません。

「家《いえ》」をたやさないために、
四人の子どもをバラバラにしなければならないお母《かあ》さんもいません。

お母さんが一人だけで幼《おさな》い子を育《そだ》てる時《とき》には、
今では国《くに》や地方自治体《ちほうじちたい》がさまざまなかたちで援助《えんじょ》しています。

援助《えんじょ》があってもそれはそれは大変《たいへん》なことだし、
つらくて苦《くる》しいことも多いのですが、
幼《おさな》い子や赤《あか》ん坊《ぼう》まで人にあげてしまうことはしなくてすむようになりました。

さて、おばさん夫婦《ふうふ》の養子《ようし》になったこの男の子やその兄《にい》さんや妹《いもうと》、
弟《おとうと》たちはどうなったでしょう。
弟は戦争《せんそう》で亡《な》くなりましたが、
兄《あに》も妹《いもうと》も七十歳《さい》を越《こ》えても元気《げんき》で働《はたら》いていました。

お父《とう》さんとお母《かあ》さん、そして戦死《せんし》した弟《おとうと》の法事《ほうじ》には三人が集《あつ》まり、
いつまでも思《おも》い出話《でばなし》をしていました。

さらに、それから三十年もたった今では、それぞれの子どもたち、
つまりイトコどうしが年に一回集まって、
自分《じぶん》の親《おや》たちの思い出話をしています。

バラバラになったからこそ、「家族《かぞく》」の大切《たいせつ》さを、
親たちは自分《じぶん》の子どもたちによくよく教えたからでしょう。

2

「血のつながり」とはなんでしょう

チンパンジーを生《う》まれた時から飼《か》って訓練《くんれん》し、
どのくらい人間《にんげん》に似《に》てくるか、そして、
人間とはどこがちがうのかを研究《けんきゅう》している人たちがいます。
生まれてからある時期《じき》まで、
チンパンジーはどんどん賢《かしこ》くなって、

人間《にんげん》の子どもにできないこともできることがあります。

でも、チンパンジーにはけっしてできないことがあります。

それは、自分《じぶん》が会《あ》ったこともない人のことを、想像《そうぞう》することです。

ところが、人間の子どもは、自分が一度も会ったことのない人、

ずっと前に死んでしまったので、

これからもけっして会うことのない人のことがわかります。

それは、自分を生んでくれたお母《かあ》さんやお父《とう》さんを手がかりにして、

そのまたお父《とう》さん、お母《かあ》さんというように、
どんどん関係《かんけい》を広げていくことができるからです。
誰《だれ》にでも、お父さんとお母さんがいます。
なにかの事情《じじょう》で、お父さんかお母さんのどちらかが、
今はいない人もいるかもしれませんが、
もともとは誰にでもいます。

そのお父《とう》さんにも、
お父さんとお母《かあ》さんがいます。
お母さんにも、お父さんとお母さんがいます。
それを私たちは、おじいさん、おばあさんと呼《よ》びます。
おじいさんにもおばあさんにも一度も会《あ》ったことのない人でも、
自分《じぶん》におじいさんやおばあさんがいることが理解《りかい》できます。

さらにまた、おじいさん、おばあさんにも、
それぞれお父《とう》さんとお母《かあ》さんがいます。
あなたのおじいさんやおばあさんにとってのお父さんは、
あなたにとってのひいおじいさんです。
お母さんは、あなたにとってのひいおばあさんです。
さらに、ひいおじいさんにとってのお父さん、お母さんが、
間違《まちが》いなくいたことを、みなさんも私も知っています。

そして、そうした人たちがいなかったら、
あなたも私も、
この世《よ》に生まれていません。

会《あ》ったこともない人の存在《そんざい》を、私たちが想像《そうぞう》できるだけでなく、
その人と自分《じぶん》の間になんらかのつながりがあると考えています。
このつながりを「血《ち》のつながり」などと呼《よ》んでいます。

「血《ち》のつながり」とは、
おじいさんやお父《とう》さんの遺伝子《いでんし》が自分《じぶん》にもつながっているというよりは、
むしろ、おじいさんやおばあさん、お父さんやお母《かあ》さんがいたから
自分《じぶん》がいるということを示《しめ》す言葉《ことば》なのだと考えてください。

自分と自分のお父さんとの間に結《むす》ばれている、
ある関係《かんけい》があります。それと同じような関係が、
自分のお父さんとそのお父さんとお母さん

（つまり父方《ちちかた》のおじいさんとおばあさん）との間にもあったし、
自分《じぶん》のおじいさんとそのお父《とう》さんとお母《かあ》さん
（つまり父方のひいおじいさんとひいおばあさん）との間にもあったと考えると、
その間がどんどんつながって、
見たこともないひいおじいさんとひいおばあさんと自分との間にも、
なんらかの関係《かんけい》があったと考えやすいのです。こうした関係のことを、
便利《べんり》がよく、わかりやすいので「血《ち》のつながり」と呼《よ》んでいます。

同じように、自分《じぶん》と自分のお母《かあ》さんとの間に結《むす》ばれている関係《かんけい》が、
お母さんとそのお父《とう》さんとお母さん
（つまり母方《ははかた》のおじいさんとおばあさん）、
そのおじいさんとおばあさんとそれぞれのお父さん、
お母さん（つまり自分の母方のひいおじいさんとひいおばあさん）との間にも
あったと考えて、自分とひいおじいさんとひいおばあさんとの間にも
「血《ち》のつながり」があったと考えることができます。

さらにまた、頭《あたま》のなかだけでそのような人がいることを考えているだけではなく、たとえばお仏壇《ぶつだん》の中に、あなたのひいおじいさんの位牌《いはい》があったり、アルバムの中に写真《しゃしん》があったり、また、お父《とう》さんが自分のおじいさん（つまりあなたにとっての父方《ちちかた》のひいおじいさん）との思い出を話すのを聞《き》くと、会《あ》ったことのない人であっても、より親《した》しく感じることになるでしょう。

チンパンジーやニホンザルは、自分《じぶん》の母親《ははおや》や母親が産《う》んだ子どもたち、つまりキョウダイと自分《じぶん》との関係《かんけい》については知《し》っているようです。

母親が産んでから間もない、小さな弟《おとうと》や妹《いもうと》を特《とく》にかわいがったり、母親が死《し》にそうになると、その母ザルが産んだメスのサルたちがそのまわりに集《あつ》まって心配《しんぱい》そうに見ている姿《すがた》を観察《かんさつ》できることもあるそうです。

でも、チンパンジーやニホンザルは、人間《にんげん》のように、会《あ》ったこともない猿《さる》と自分との間の関係を想像《そうぞう》することはけっしてできません。

このように人間《にんげん》には「想定《そうてい》する」という能力《のうりょく》があるために、
自分《じぶん》が周囲《しゅうい》の人たちにとってどんな人間なのだろうか
ということについて考えることになります。

つまり、自分をとり囲《かこ》んでいる人たちの間で、自分はどんな立場《たちば》にあり、
他《ほか》の人にとっての自分は、どんな人間として見られているかを考えてしまうのです。

もしも、自分がとてもつまらない、とるにたらない人間のように思われて、
いなくてもいいのではないかと思った時には、

自分《じぶん》の中にはいったい何人の「血《ち》」が注《そそ》ぎ込《こ》まれているか計算《けいさん》してみてください。

二人の親《おや》、四人のおじいさんとおばあさん、

八人のひいおじいさんとひいおばあさん、

さらにひいおじいさんとひいおばあさんのそれぞれの両親《りょうしん》へとさかのぼっていくと、

とても計算できません。このように考えてみると、あなたも私も、

とても大切《たいせつ》な素晴《すば》らしい存在《そんざい》なんだと考えることができるでしょう。

そして、この「血のつながり」を、自分勝手《じぶんかって》に断《た》ち切《き》ってはならない
と思うことでしょう。

3

家族、それは特別な人たち

誰《だれ》にも、お父《とう》さんとお母《かあ》さんとがいます。

さまざまな事情《じじょう》で、お父さんもお母さんもいない子どもや、

お父さんかお母さんのどちらかがいない子どももいるかもしれません。

でも、人にはお父さんとお母さんが必《かなら》ずいるのです。

ところで、あなたにとってお父《とう》さんはどんな人ですか。
怖《こわ》い時、やさしい時、うるさく感じられる時、
時には嫌《きら》いになることもあるでしょう。
「ずっと出張《しゅっちょう》していて帰《かえ》ってこないほうがいい」
と感じてしまうことがあるかもしれません。
では、お父さんは、なぜあなたの家にいるのでしょうか。
この質問《しつもん》を逆《ぎゃく》の問《と》いかけにすることもできます。

お父《とう》さんが疲《つか》れて家に帰《かえ》ってみると、
そこには走《はし》り回《まわ》り大声《おおごえ》を出して騒《さわ》いでいる子どもがいます。
ゆっくりくつろぐことも、
お母《かあ》さん（奥《おく》さん）とこみいった話をすることもできません。
「なぜこの子どもたちはここの家にいるのだろう」
とふと思ってしまうかもしれません。

奥《おく》さん（子どもにとってのお母《かあ》さん）も
同じように思うかもしれません。
帰《かえ》ってくるなり、家の中が散《ち》らかっていると小言《こごと》を言い、
あれこれ用事《ようじ》を言いつけ、
子どもたちが騒《さわ》がしいと
大声《おおごえ》で叱《しか》りつける夫《おっと》（子どもにとってのお父《とう》さん）のことを
「なぜ、この人は、毎日《まいにち》この家に帰ってくるんだろう」と。

逆《ぎゃく》にまた、次《つぎ》のように夫《おっと》は思うかもしれません。
「なぜ、この人はいつも家にいるのだろうか。
そして自分《じぶん》が家に帰《かえ》ってくると、
自分が着替《きが》えもしないうちからアレコレと子どものことや
近所《きんじょ》の人たちのことをベラベラしゃべるのだろう」、
「なぜ、いつもこの人は自分と一緒《いっしょ》に食事《しょくじ》をしたり寝《ね》たりするのだろう」と。

ここまで読《よ》んでみて、皆《みな》さんは「変《へん》なことを言うなあ。
当《あ》たり前《まえ》だよ家族《かぞく》なんだから」と思うのではないでしょうか。
そうです。家族というのは、それが別《べつ》の人だったら、
とてもがまんできないようなことを、
お互《たが》いがまんできるような人たちの集《あつ》まりのことです。
「家族なんだから」といわれると、
特《とく》に理由《りゆう》や説明《せつめい》をしなくても納得《なっとく》しがまんしてしまうのです。

「家族《かぞく》」というのは、そんな不思議《ふしぎ》なものです。

先《さき》ほどのお父《とう》さん（大人《おとな》の男の人）、

お母《かあ》さん（大人の女の人）、

子どもの関係《かんけい》がどんなものかを考える時、

記憶喪失《きおくそうしつ》という病気《びょうき》になって、自分《じぶん》の名前《なまえ》も奥《おく》さんの顔《かお》も名前も、

子どもがいることもみんな忘《わす》れてしまった男の人のことを

想像《そうぞう》するとよく分《わ》かります。

自分《じぶん》はその女の人のことを何も知らないのに、

その女の人は食事《しょくじ》を作ってくれてテーブルに持《も》ってきてくれます。

風呂《ふろ》のお湯《ゆ》を張《は》ってくれ、着替《きが》え用の下着《したぎ》も出してくれます。

半分しか衣服《いふく》を着《つ》けてないのに、平気《へいき》で風呂場《ふろば》をのぞきます。

夜は隣《となり》でスヤスヤ眠《ねむ》っています。

生活費《せいかつひ》を下《くだ》さいと言われ、

渡《わた》しても領収書《りょうしゅうしょ》もくれませんし、

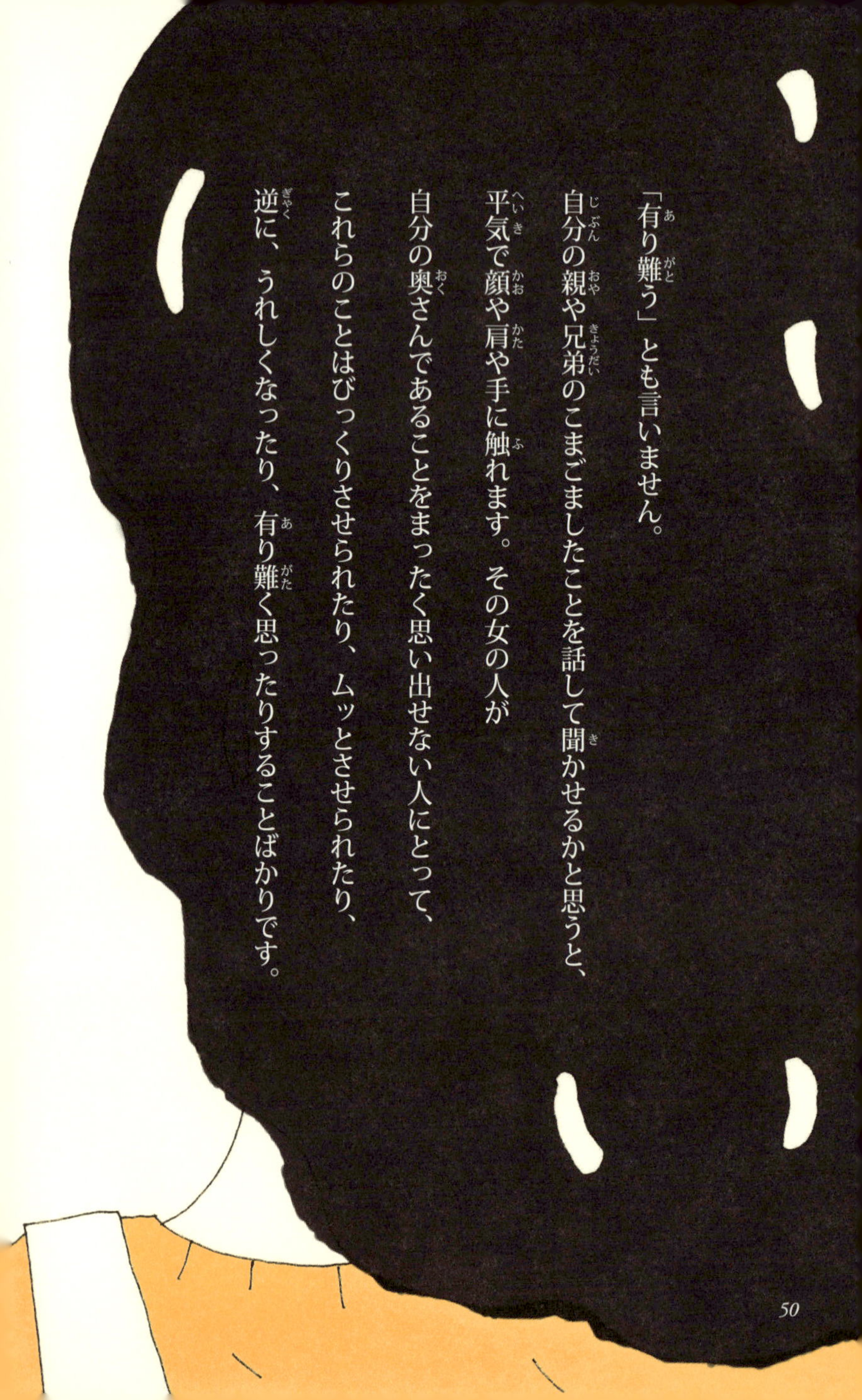

「有《あ》り難《がと》う」とも言いません。
自分《じぶん》の親《おや》や兄弟《きょうだい》のこまごましたことを話して聞《き》かせるかと思うと、
平気《へいき》で顔《かお》や肩《かた》や手に触《ふ》れます。その女の人が
自分の奥《おく》さんであることをまったく思い出せない人にとって、
これらのことはびっくりさせられたり、ムッとさせられたり、
逆《ぎゃく》に、うれしくなったり、有《あ》り難《がた》く思ったりすることばかりです。

記憶喪失《きおくそうしつ》になった子どもという例《れい》はめったにありませんが、
やはり、そのように仮定《かてい》して、三人の関係《かんけい》を考えてみましょう。
その女の人は、いつも自分《じぶん》の顔《かお》を見ています。
自分のすることのひとつひとつに注意《ちゅうい》をはらって、
少しでも危《あぶ》なっかしいことをしていると、
とんできて「駄目《だめ》よ」と言ったり、手助《てだす》けしてくれたりします。
三度の食事《しょくじ》のほかにおやつも出してくれます。

自分《じぶん》が高い所から落《お》ちたりすると、びっくりして、顔色《かおいろ》を変《か》え、息《いき》を弾《はず》ませてギュッと自分《じぶん》の身体《からだ》を抱《だ》きしめ「大丈夫《だいじょうぶ》？」と聞《き》き、それから身体のあちこちを調《しら》べます。出かけた時には手をつなぎ、いろいろ話しかけます。一緒《いっしょ》にお風呂《ふろ》に入ります。さわっては駄目《だめ》といわれていた花瓶《かびん》を壊《こわ》した時は、目の中が真《ま》っ白《しろ》になるくらい激《はげ》しく頬《ほほ》をたたきました。大声《おおごえ》で叱《しか》りました。

それから涙《なみだ》のいっぱい溜《たま》った目でじっとみつめると、
「どうして分《わ》からないの？」と言いました。
　これらのことが、「家族《かぞく》」と呼《よ》ばれる関係《かんけい》にはない人たちの間で起《お》こると、
驚《おどろ》くことばかりです。
記憶喪失《きおくそうしつ》になった人にとっては、
家族が自分《じぶん》に対してすることや要求《ようきゅう》することは、
時には うれしく、時には恥《は》ずかしく、

また腹《はら》だたしく失礼《しつれい》だと感じられることばかりです。
「この大人《おとな》の女の人は自分《じぶん》のお母《かあ》さん、
この大人の男の人は自分のお父《とう》さん」と思い出せば、
当《あ》たり前《まえ》のことばかりなのですが、
思い出さない限《かぎ》りは、
とても変《へん》だと思われることばかりなのです。
そうです。それが「家族《かぞく》」です。

家族《かぞく》は時には自分《じぶん》に喜《よろこ》びや楽《たの》しみをもたらしますが、
時には重荷《おもに》になり、苦《くる》しみももたらします。
そして、家族のいる場所《ばしょ》というのは、
ほかではけっして起《お》こらないことが起こる不思議《ふしぎ》な場所でもあります。
家族を作《つく》っている人たちは、お父《とう》さん、お母《かあ》さん、おじいさん、おばあさん、
お兄《にい》さん、お姉《ねえ》さん、弟《おとうと》、妹《いもうと》です。どの人もみんな、あなたにとって、
かけがえのないとても特別《とくべつ》な人たちです。

4

お母さんは一人三役

世界には、いろいろな生き方や考え方をする人びとの集団《しゅうだん》がたくさんあります。
私たちと大きくちがう生き方や考え方について知ることは、
ただ珍《めず》しくておもしろいだけではなく、
いま、自分《じぶん》を取《と》り巻《ま》いている状況《じょうきょう》から少し距離《きょり》をおいて、
ゆっくりものを考える時の参考《さんこう》になります。

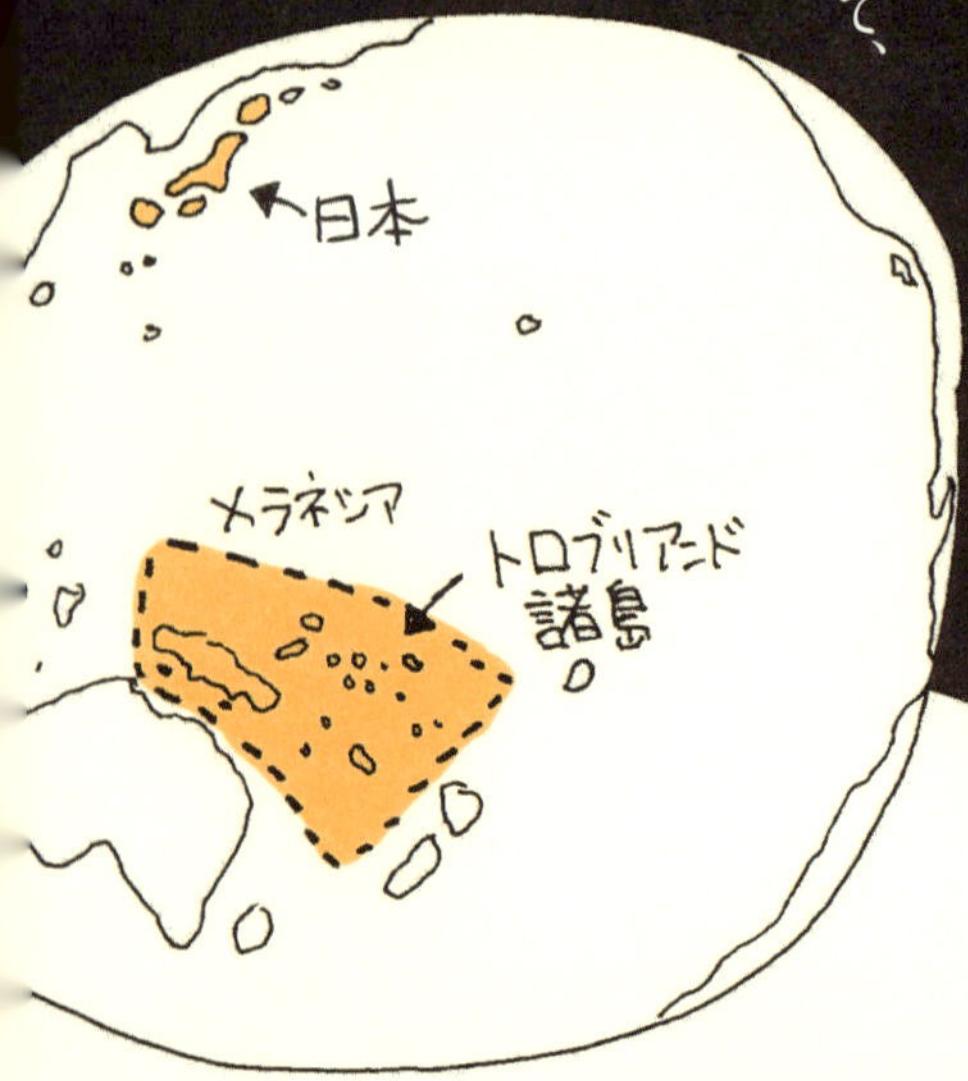

日本語の「お父《とう》さん」に当《あ》たる言葉《ことば》がまったくなくて、

「お父さん」に当たる人のことを「お母《かあ》さんの夫《おっと》」と呼《よ》ぶ社会があります。

たとえば、南太平洋《みなみたいへいよう》のメラネシアと呼ばれる地域《ちいき》にある

トロブリアンド諸島《しょとう》の人たちがそうです。

この言葉《ことば》は、単《たん》なる言い換《か》えではありません。

日本ではこれまで、多くの場合《ばあい》、住《す》んでいる家の持《も》ち主《ぬし》の名前《なまえ》や

貯金口座《ちょきんこうざ》の名前など、財産《ざいさん》の大部分《だいぶぶん》はお父さんの名前になっていました。

つまり、子どもはお父《とう》さんの財産《ざいさん》を使《つか》ったり受《う》け継《つ》いだりするとき、
「自分《じぶん》とお父さんとの関係《かんけい》で」いろいろなことが決《き》められています。
しかし、トロブリアンド諸島《しょとう》の人たちの間では、自分の社会の中での立場《たちば》や、
もらえる財産や使ってもよい道具《どうぐ》などは、
「自分のお母《かあ》さんとの関係で」決められます。
日本のように、お父さんとの関係ではありません。
その意味《いみ》では、「お母さんの夫《おっと》」は、お母さんほど大切《たいせつ》な存在《そんざい》ではありません。

でも、幼《おさな》い子どもが成長《せいちょう》し、少年《しょうねん》や少女《しょうじょ》になり、
大人《おとな》となっていく時に「お母《かあ》さんの夫《おっと》」はとても大切《たいせつ》な役割《やくわり》をします。
それは、人にやさしく接《せっ》する方法《ほうほう》、
自分《じぶん》の感情《かんじょう》をうまく表《あらわ》し他《ほか》の人に理解《りかい》してもらう方法、
辛《つら》いことや苦《くる》しい気持ちをまぎらして苦しみを乗《の》り切《き》る
方法などを、身《み》をもって教えてくれ、
子どもがそれを学び取《と》ることを手助《てだす》けしてくれるのです。

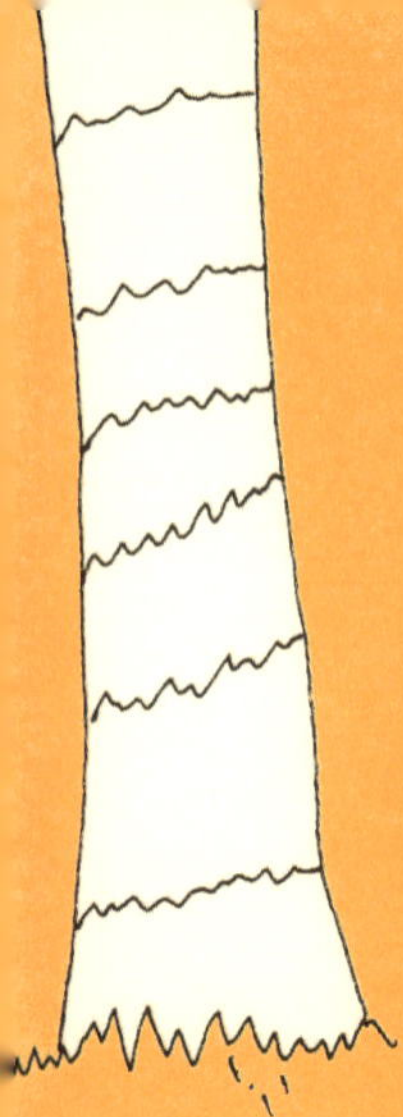
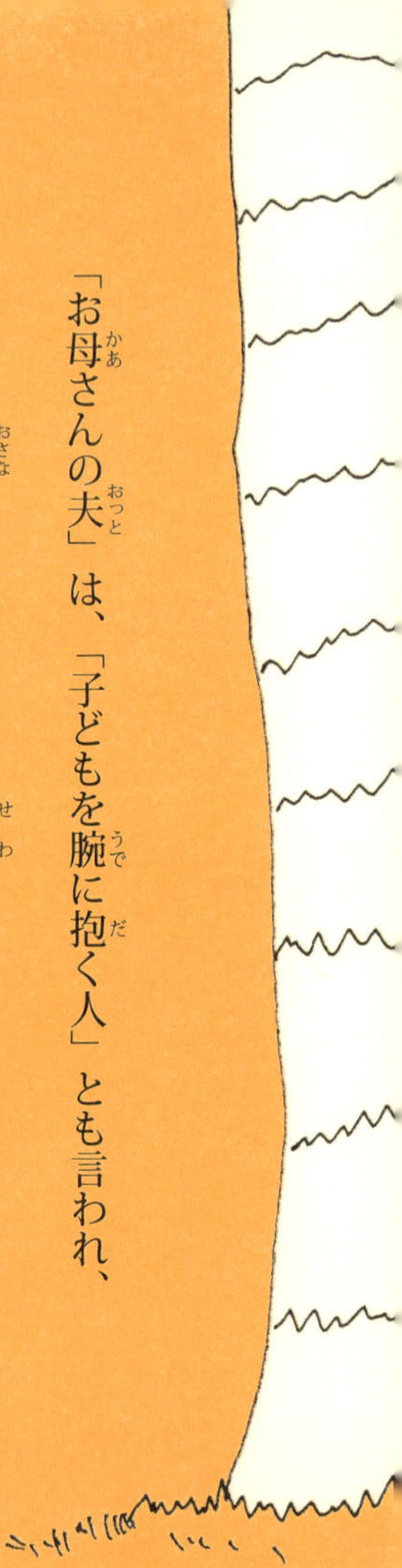

「お母《かあ》さんの夫《おっと》」は、「子どもを腕《うで》に抱《だ》く人」とも言われ、
子どもが幼《おさな》いうちは子どもの世話《せわ》をこまごまとする人でもあります。

子どもが少し大きくなると遊《あそ》び相手《あいて》になり、
青少年《せいしょうねん》になると冗談《じょうだん》などにまぎらして性的《せいてき》なことを教えたり、
ふざけ合ったり、子どもたちの恋《こい》の悩《なや》みを聞《き》いてやったり、
ちょうど、とても仲《なか》のよい年上《としうえ》の親友《しんゆう》のような役割《やくわり》をします。

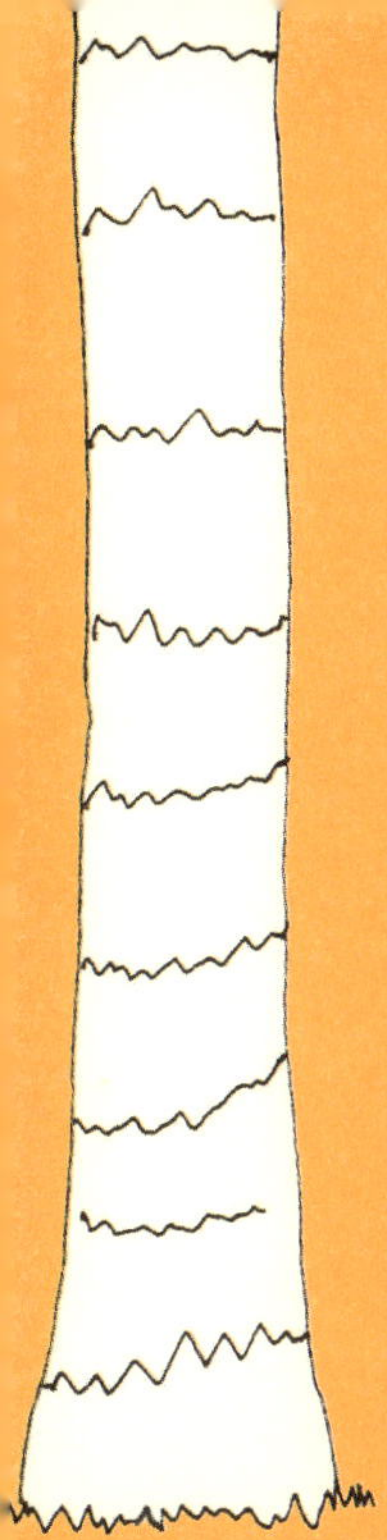

一方《いっぽう》、お母《かあ》さんの兄弟《きょうだい》、つまり母方《ははかた》のオジサンたちは、
食料《しょくりょう》を獲《と》る方法《ほうほう》、道具《どうぐ》の作り方や使い方、集団《しゅうだん》の中の規則《きそく》や習慣《しゅうかん》など、
生きていくうえで必要《ひつよう》なさまざまな事柄《ことがら》を教えてくれます。
さらに結婚《けっこん》するときの費用《ひよう》を出してくれ、死んだあと財産《ざいさん》も残《のこ》してくれます。
つまり、実際《じっさい》にやっていることの中身《なかみ》は、
日本のかつてのお父《とう》さんの役割《やくわり》と同じようなことを
自分《じぶん》の姉《あね》や妹《いもうと》の子どもに対《たい》して行《おこな》っているのです。

そして、技術《ぎじゅつ》や集団《しゅうだん》の規則《きそく》をきちんと教え込《こ》むために、
子どもに対《たい》して厳《きび》しく接《せっ》します。

子どもにとってなくてはならない、とても大切《たいせつ》な人なのですが、
恐《こわ》くて近寄《ちかよ》りがたい人でもあります。

子どもが大人《おとな》になっていくうえで、
「お母《かあ》さんの夫《おっと》」も「お母《かあ》さんの兄弟《きょうだい》」もどちらも大切な人たちです。
でもそれぞれがまったく異《こと》なる役割《やくわり》を分担《ぶんたん》しているのです。

このような社会とちがって、
子どもに対《たい》して厳《きび》しく接《せっ》してしつけをし、
技術《ぎじゅつ》を教えるのはお父《とう》さんとお母《かあ》さん、
子どもに好《す》き放題《ほうだい》をさせ甘《あま》やかすのは
おじいさんとおばあさんというような
役割分担《やくわりぶんたん》をしている社会もあります。
七、八十年前の日本も、どうやらそんな社会だったようです。

現在《げんざい》の皆《みな》さんのお父《とう》さん、お母《かあ》さんはどうでしょうか。

お父さんがいつも厳《きび》しく、
お母さんはいつもやさしいという家族《かぞく》もあるでしょうが、
多くの場合《ばあい》、お父さんもお母さんも、時には厳しく、時にはやさしく、
あるいは甘《あま》やかすということを交互《こうご》にくり返《かえ》しているのではないでしょうか。
「甘やかしてはいけない。一人前《いちにんまえ》にするためには厳しくしなくては」
と思う気持ちと「子どもはかわいい。

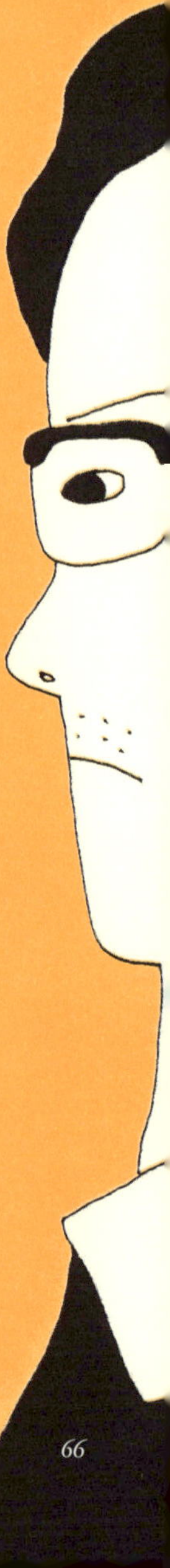

かわいがって、子どもから、もの分《わ》かりのいいお父《とう》さん、
やさしいお母《かあ》さんと思われたいし好《す》かれたい」と思う気持ちの間を、
親《おや》たちの思いは、いったり来たりしているのではないでしょうか。
厳《きび》しく叱《しか》ったり叩《たた》いたりしたあと、いつ、どの時点《じてん》で、
どのように子どもに対《たい》する態度《たいど》を切《き》り替《か》えたらいいのか、迷《まよ》うこともあるでしょう。

一方、子どもからこのような親《おや》たちのようすを見たらどうでしょう。
親たちは子どもへの教育《きょういく》やしつけというよりも、
自分の腹《はら》立《だ》ちの感情《かんじょう》をぶつけ、
気がすんだからやさしくしているのだと
見えるのかもしれません。

現在《げんざい》の日本のお父《とう》さんは、

トロブリアンド諸島《しょとう》の「お母《かあ》さんの夫《おっと》」と「お母さんの兄弟《きょうだい》」の、

両方《りょうほう》の役割《やくわり》を担《にな》っていることになります。

ところが、お父さんが留守《るす》がちで、出張《しゅっちょう》が多かったり、

朝早く家を出て夜遅《おそ》くならないと帰《かえ》ってこない場合《ばあい》、

お母さんはたった一人で、自分《じぶん》の子どもに対《たい》して、

厳《きび》しくしたり、やさしくしたり、甘《あま》やかしたり、

自分《じぶん》の感情《かんじょう》をぶつけたり、全部《ぜんぶ》のことをすることになります。
時には、自分の夫《おっと》か友達《ともだち》に話すほうがいいような話まで、
ついつい子どもにしてしまうこともあるかもしれません。
電車《でんしゃ》の中で、若《わか》いお母《かあ》さんが、三歳《さい》くらいの自分の子が
座席《ざせき》の上に立ってジャンプしているのを注意《ちゅうい》していましたが、
とうとう大声《おおごえ》で叫《さけ》びました。
「どうしてあなたはそんなにお母さんを困《こま》らせるのよ」。

お母《かあ》さんが幼《おさな》い子に向《む》かって言うには
とても変《へん》な言葉《ことば》です。
でも、そのお母さんには、
わずか三歳《さい》の息子《むすこ》も自分と同等《どうとう》の人に見えて
いるのでしょう。
このように家族《かぞく》の中の人数《にんずう》が少《すく》なくなると、
家族の中の大人《おとな》が、子どもが成長《せいちょう》していくうえで、

そして社会へ出ていく前に学んでおくべきすべてのことを教えるのが難《むずか》しくなります。

現代《げんだい》の日本の多くのお母《かあ》さんは、トロブリアンド諸島《しょとう》での「お母さん」、「お母さんの兄弟《きょうだい》」、「お母さんの夫《おっと》」の三人が子どもに対《たい》して果《は》たす役割《やくわり》の全部《ぜんぶ》を一人で請《う》け負《お》っているのです。どうです、とても大変《たいへん》だと思いませんか。

5

さまざまな家族、変化する家族

今の日本では、大人《おとな》の男の人と女の人（夫《おっと》と妻《つま》）、
そして二人の間に生まれた子どもたちがいる家族《かぞく》が
「ふつうの家族」と思われています。
でも、今から六、七十年前までは、
大人の男の人（夫）とそのお父《とう》さん、
お母《かあ》さんや弟《おとうと》や妹《いもうと》、

そして男の人の奥《おく》さんになる人と
二人の間に生まれた子どもたちがいる家族《かぞく》が
「ふつうの家族」だと思われていました。
現在《げんざい》、世界中には、いろんなタイプの家族があるのですが、
日本の場合《ばあい》がそうであるように、同じ国や社会でも、
時代《じだい》がちがうと、今とは異《こと》なるタイプの家族が
「ふつうの家族」と思われていました。

世界をみわたすとあまりにいろんなタイプの家族《かぞく》が見られるために、
「家族」という共通《きょうつう》した名前《なまえ》をつけてよいのかどうか、
疑問《ぎもん》がもたれるほどなのです。

それでも、人間のさまざまな生き方や生きる可能性《かのうせい》について
研究《けんきゅう》している文化人類学《ぶんかじんるいがく》という分野《ぶんや》では、
今でも、家族は人間の世界に共通した仕組《しく》み、
あるいは集団《しゅうだん》であるとみなしています。

そして、世界中のどのような社会にも
家族という集団が必《かなら》ずあることの理由《りゆう》を次《つぎ》のように考えています。
それは、生まれたばかりの人間の赤《あか》ちゃんは
まったく無力《むりょく》で成長《せいちょう》が遅《おそ》いので、
落《お》ち着《つ》いた人間関係《かんけい》の中でないと育《そだ》てられないということです。

赤《あか》ちゃんは、多くの場合《ばあい》、産《う》んだ女の人と、
その赤ちゃんの父親《ちちおや》である男の人とが
責任《せきにん》を持《も》って育《そだ》てるのですが、
いろんな事情《じじょう》で、
産んだ女の人や父親となる男の人の
どちらかがいない場合、

またどちらもいない場合《ばあい》でも、

赤《あか》ちゃんには「母親代《ははおやが》わり」「父《ちち》親代わり」をする人がいて、

赤ちゃんを育《そだ》てました。

六、七十年前の日本では、赤ちゃんにとってのおじいさん、

おばあさんが両親《りょうしん》の役割《やくわり》をすることが多かったようです。

時には、赤ちゃんを産《う》んだ女の人の、

お兄《にい》さんとその奥《おく》さんが、両親の役割をしました。

国を失《うしな》って、長い間迫害《はくがい》されてきたユダヤの人びとが、
自分たちだけの国を創《つく》ろうとしてできた
イスラエルという国では、
「キブツ」と呼《よ》ばれる集団農場《しゅうだんのうじょう》で働《はたら》く人たちが
大きな家族《かぞく》の役割《やくわり》をしました。

イスラエル建国当時《けんこくとうじ》には、
迫害《はくがい》をのがれて世界中からイスラエルにやってくるうちに親《おや》が病死《びょうし》したりして、多くの孤児《こじ》が残《のこ》されていました。
その子どもたちを育《そだ》て、なお厳《きび》しい生活《せいかつ》を乗《の》り越《こ》えるために、「キブツ」は考え出されたのです。

このように家族《かぞく》にいろんなタイプがあるのは、それぞれの時代《じだい》、それぞれの社会で、人が生きていく情況《じょうきょう》はさまざまで、

その時その時の情況《じょうきょう》に最《もっと》も適《てき》したかたちで、
一人《ひとり》の生まれたばかりの赤《あか》ちゃんを育《そだ》て、
社会の仕組《しく》みを学習《がくしゅう》させ、一人前《いちにんまえ》にして
いかなければならなかったからでしょう。

赤《あか》ちゃんを一人前《いちにんまえ》になるまで育《そだ》てあげるという目的《もくてき》ははっきりしていても、生きていくうえでの情況《じょうきょう》がそれぞれちがうために、さまざまなタイプの家族《かぞく》ができていると考えられるのです。

ところで、それぞれの時代《じだい》のそれぞれ社会では、あるタイプの家族が「ふつうの家族」とか「理想《りそう》の家族」とみなされることがあります。

たとえば今の日本では、一人の成人《せいじん》の男の人と女の人、

その間に生まれた子どもたち（このタイプの家族《かぞく》を「核《かく》家族」と呼びます）からなる家族が一般的《いっぱんてき》だと考えられています。

しかし、そうではない家族もとても多いのです。

子どもが生まれない夫婦《ふうふ》、あるいは子どもはいらないと考える夫婦、生まれたけど死んでしまった夫婦など、子どもがいない家族が多くあります。

また、離婚《りこん》したあと、自分《じぶん》の子どもをつれて別《べつ》の男の人や女の人と結婚《けっこん》することもあります。

すると、子どもは「二人の間に生まれた子ども」ではないのですが、見た目には核家族《かくかぞく》になります。現在《げんざい》のフランスやイギリス、またオランダでは、子どもたちにとってのお父《とう》さんとお母《かあ》さんは結婚《けっこん》しないまま一生を過《す》ごす人たちが増《ふ》えていて、見た目にも実際《じっさい》の生活《せいかつ》でも、核家族なのですが結婚していないため「夫《おっと》と妻《つま》とその間に生まれた子どもたち」という核家族の分類《ぶんるい》からは、はずれているのです。

日本もそうですが、アメリカもヨーロッパも、

そしてアジア諸国《しょこく》も、世界中の国々が急速《きゅうそく》な変化《へんか》の中にあります。

その変化に対応《たいおう》しながら、人びとは日々《ひび》の生活《せいかつ》を営《いとな》んでいます。

そのような時、家族《かぞく》も変化せざるをえません。

変化するなかにあっても、なおも人間が人間であることの最大《さいだい》の特徴《とくちょう》である、
生まれた赤《あか》ちゃんを一人前《いちにんまえ》になるまで育《そだ》てる仕組《しく》み、
つまり「家族」を維持《いじ》しようとしているのです。

その結果《けっか》、今では「ふつうの家族《かぞく》」や「理想《りそう》の家族」という考え方はあまり意味《いみ》がなくなっているのかもしれません。

それでも、今、世界中の人びとが一生懸命《いっしょうけんめい》考え、
努力《どりょく》しなければならないことがあります。
それは「自分たちが人間であり続《つづ》け、
人間の社会をこれからも存続《そんぞく》させるためには、
この世に生まれてきた子どもを一人残《のこ》らず飢《う》えさせず、

暴力《ぼうりょく》にさらされることなく守《まも》り育《そだ》て、
生まれてきて良《よ》かったと思ってもらえるような仕組《しく》みを
持《も》ち続《つづ》けるにはどうすればいいか」ということです。
その仕組みを「家族《かぞく》」と呼《よ》ぼうと呼ぶまいと、
ぜひともその仕組みについて、
よくよく考える必要《ひつよう》があります。

著者からあなたへ

みなさんに家族《かぞく》が果《は》たしている重要《じゅうよう》な役割《やくわり》を理解《りかい》してもらいたくて、この本を書きました。そして、そんなにも重要な家族であるのもかかわらず、家族という人の集《あつ》まりは、維持《いじ》するために努力《どりょく》と工夫《くふう》とが必要《ひつよう》であるということも理解《りかい》してもらいたくて、書いたのです。

家族は、大人《おとな》にとってもお年寄《としよ》りにとっても大切《たいせつ》なものですが、特《とく》に生まれたばかりの赤《あか》ちゃんにとっては、生きて、大きくなって、社会の一員《いちいん》として生きていくために必要なことの基本《きほん》を教えてもらう大切《たいせつ》な大切な場です。それだけでなく、「生きているってことは、こんなにも幸《しあわ》せなことなんだ」と思える経験《けいけん》をさせてくれる場でもあります。

けれども、家族《かぞく》はいつも、その家族を包《つつ》み込《こ》んでいる社会全体の影響《えいきょう》を強《つよ》く受《う》ける、こわれやすいものです。また、家族の一人《ひとり》ひとりが、「家族は大切《たいせつ》なもの」と考え、それを維持《いじ》する努力《どりょく》や工夫《くふう》がないと、同じようにもろく崩《くず》れていくようなものでもあります。

「1家をたやさないことが大切だった時代《じだい》」は、親《おや》が子どもたちを、また子どもたちが親をどんなに愛《あい》していても、社会保障《ほしょう》という制度《せいど》がなければ、家族は維持《いじ》できないことを示しました。

「3家族、それは特別《とくべつ》な人たち」では、家族とは、単《たん》に生きていくうえで必要《ひつよう》な休養《きゅうよう》や食《しょく》事《じ》や生活《せいかつ》に欠《か》かせないものを整《ととの》えるために存在《そんざい》するのではなく、人がどのように人に接《せっ》したらいいか、何を感じ、感じたり考えたりしたことを人に伝《つた》えればよいのかを学んだり、ほかの人の考えや感情《かんじょう》を読《よ》みとる力を与《あた》えられる場でもあることを書いてみました。

2では、「クドクドと、ややこしいことを書いている」と感じることを承知《しょうち》で、「血《ち》のつながり」について理解《りかい》してもらいたくて、書きました。「血のつながり」という考え方は、遺伝的《いでんてき》につながっているというよりも、自分《じぶん》が今こうして生きていて、身体《からだ》があり、さまざまな働《はたら》きができ、ほかの人といろんなつながりを持《も》つことができ、もしかしたら、いつかは自分の子どもを持つことがあるかもしれないという、いのちのつながりについての考え方です。いのちは、たくさんの人々の存在《そんざい》が過去《かこ》にあって、はじめて生じるものであり、過去に生きていた人の誰《だれ》か一人でもいなかったならば、あなたも私もこの世に生まれてきていない、そんな不思議《ふしぎ》なものです。いのちについては、このシリーズの①『いのちってなんだろう』と③『生きているってふしぎだね』でも書きましたから、よかったら読《よ》んでください。

「4お母《かあ》さんは一人三役」と「5さまざまな家族《かぞく》、変化《へんか》する家族」では、家族を維持《いじ》することの難《むずか》しさは、社会全体があまりに速《はや》く変化し、生きている情況《じょうきょう》が速く変わっていくのに対《たい》し、家族という場での時間の流《なが》れは、人の一生《いっしょう》と同じように、ユックリユックリしていることから生じることを示《しめ》そうとしたものです。

「この本は、何度読んでも面白《おもしろ》い」と皆《みな》さんが思ってくれることを願《ねが》って書きました。ぜひ、くり返《かえ》し読んでください。

二〇〇八年　秋

波平恵美子

著者　波平恵美子（なみひら・えみこ）

1942年、福岡県生まれ。お茶の水女子大学名誉教授、元・日本民族学会（現・日本文化人類学会）会長。九州大学教育学部卒業。1968年からテキサス大学大学院人類学研究科留学（1977年、Ph.D取得）。九州大学大学院博士課程単位取得満期退学。佐賀大学助教授、九州芸術工科大学（現・九州大学）教授、お茶の水女子大学教授を歴任。文化人類学専攻。
主な著書に『病気と治療の文化人類学』（海鳴社）『ケガレの構造』（青土社）『脳死・臓器移植・がん告知』（ベネッセ）『医療人類学入門』『病と死の文化』『日本人の死のかたち』（朝日選書）『いのちの文化人類学』（新潮選書）『暮らしの中の文化人類学・平成版』『生きる力をさがす旅－子ども世界の文化人類学』（出窓社）、編著に教科書として評価の高い『文化人類学』（医学書院）などがある

挿絵　塚本やすし（つかもと・やすし）

1965年、東京生まれ。イラストレーター・装幀家。イラストレーター・デザイナーとして数々の賞を受賞。近年は、書籍の装画・児童書の挿画等で活躍している。主な著書（共著）に、『ふたり　おなじ星のうえで』（文・谷川俊太郎・東京書籍）『ジュニア版ルイーゼの星』（カーレン・スーザン フェッセル著・求龍堂）『夏の洞窟』（文・荒川じんぺい・くもん出版）『保健室にいたらだめなの？』（文・こんのひとみ・ポプラ社）『レタスの絵本』（文・つかだもとひさ・農文協）などがある。

図書設計　辻 聡

＊本書は、『生きる力をさがす旅 ― 子ども世界の文化人類学』（波平恵美子著・2001年出窓社刊）から4話を再録し、新たに1話を加え、文章と絵で再構成したものです。なお、再録にあたり、原書の標題と文章表現をよりわかりやすく改めた箇所があります。

DMD

出窓社は、未知なる世界へ張り出し
視野を広げ、生活に潤いと充足感を
もたらす好奇心の中継地をめざします。

10歳からの生きる力をさがす旅④

家族ってなんだろう

2008年10月30日　初版印刷
2008年11月17日　第1刷発行

著　者　波平恵美子（文）
　　　　塚本やすし（絵）

発行者　矢熊 晃

発行所　株式会社 出窓社
　　　　東京都武蔵野市吉祥寺南町 1-18-7-303　〒180-0003
　　　　電　話　0422-72-8752
　　　　ファクシミリ　0422-72-8754
　　　　振　替　00110-6-16880

印刷・製本　株式会社 シナノ

ISBN978-4-931178-67-0